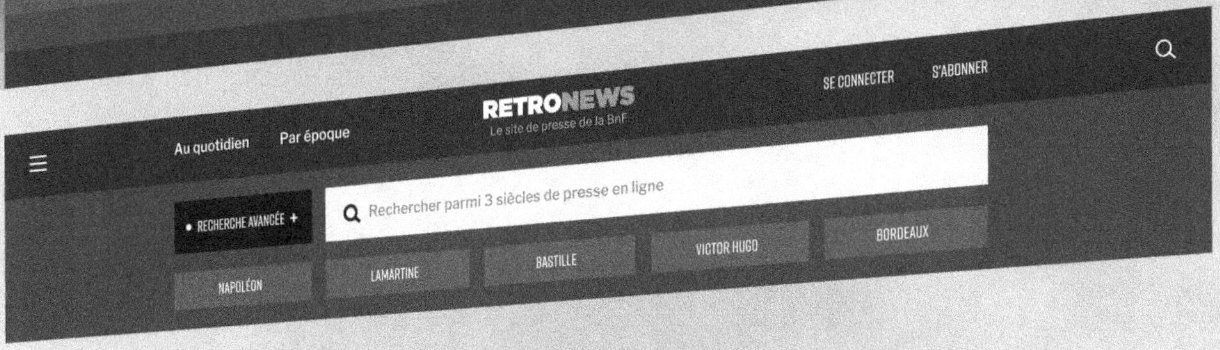

PREMIÈRE ANNÉE N° 1 1er Septembre 1919

L'EUROPE ORIENTALE

Notre Programme

La guerre et les révolutions laisseront l'Europe orientale profondément transformée.

L'un de ces changements les plus considérables consistera certainement en la libération des peuples que la Russie des tsars tenait asservis et qui, maintenant débarrassés de ce joug, revendiquent le droit de se déterminer eux-mêmes en pleine indépendance et souveraineté, et tentent de s'organiser selon les principes démocratiques.

Ainsi sont nées : les Républiques d'ESTHONIE, de LATVIA et de LITUANIE, dans les régions Baltiques; plus au Sud, la République de RUSSIE-BLANCHE; plus au Sud encore, la grande République d'UKRAINE; au Caucase enfin, les Républiques de KOUBAN, de NORDCAUCASIE, d'AZERBAIDJAN, de GEORGIE et d'ARMENIE.

Au moment même où tous ces peuples, longtemps opprimés, voient enfin luire le jour de leur libération, de nombreux obstacles viennent alourdir leurs premiers pas. Les forces du passé se liguent contre eux, et l'ignorance empêche qu'ils aient le concours auquel ils tiennent au premier chef : celui qui leur viendrait des sympathies des démocraties d'Occident et des peuples qui, les précédant dans la voie où ils viennent d'entrer, ont déjà réalisé leur intégrité nationale et appliqué les grands principes modernes de la vie politique.

Il est donc de la plus haute importance de combattre une ignorance aussi pernicieuse. C'est à quoi travaillera cette publication. Par ses deux éditions, l'une en français, l'autre en anglais, elle s'efforcera de faire connaître les mœurs, les traditions historiques, le génie, les aspirations, les institutions, les richesses naturelles des pays et des peuples qui viennent de naître à la liberté et qui se débattent encore au milieu des pires périls.

Ces périls aussi, elle les fera connaître. La violation du droit d'un peuple, en quelque lieu qu'elle soit perpétrée, est une menace au droit de tous les peuples. Et quand, sur un point du globe — si écarté qu'il puisse être — on attente à la liberté, le plus précieux patrimoine de l'humanité tout entière se trouve, du même coup, compromis.

En appelant l'attention des vieilles démocraties d'Occident sur les épreuves des jeunes démocraties d'Orient, notre publication mettra donc en lumière et renforcera, par là-même, les liens de solidarité fraternelle qui unissent les peuples et doivent présider à leurs relations. Seuls ils peuvent donner force et vie à la Société des Nations libres et garantir une paix à laquelle tant de sacrifices ont été déjà consentis, mais qui restera à la merci de bien des embûches, tant que les peuples, empêchés de se connaître, ne seront pas en état de s'aimer.

*Le Comité de Rédaction de l'*EUROPE ORIENTALE.

Paris, le 28 *août* 1919.

Les Nationalités allogènes de Russie et l'Internationale ouvrière

---

L'indépendance des nationalités allogènes de Russie a été reconnue ou confirmée à la Conférence socialiste internationale de Lucerne par la résolution qui a groupé autour d'elle la majorité des adhésions. Encore faut-il dire que les deux résolutions en présence ne différaient que par des nuances et que des réserves véritables n'ont été faites que sur deux points spéciaux par ceux des délégués qui représentaient le parti socialiste-révolutionnaire russe. On peut donc dire que c'est à la quasi-unanimité que cette indépendance se trouve admise par l'Internationale. En ce qui la concerne d'ailleurs, l'Internationale a prêché d'exemple, puisque toutes ces nationalités ont leur représentation directe dans son sein.

Ce n'est pas cependant que pour les socialistes le problème n'ait deux aspects, mais l'un d'eux est plus pressant, plus immédiat, plus impérieux que l'autre.

La guerre a détruit en fait tous les empires qui n'étaient édifiés que sur la force et sur le pouvoir absolu. Elle a fait surgir dans ces empires les espérances à une indépendance longtemps comprimée; les aspirations nationales légitimes ont marqué aussitôt leur force. Le droit des peuples à disposer d'eux-mêmes, si rigoureusement affirmé dès le premier jour par la Révolution Russe, si universellement reconnu par tous les socialistes comme base essentielle de la justice internationale, le droit des peuples au nom duquel le Président Wilson prononça les paroles les plus nobles, tel est le premier principe essentiel, suivant lequel la Conférence devait en effet se décider.

***

Peut-on faire des réserves à l'application stricte du droit des peuples? Il en est deux importantes à mon sens.

D'abord, il est hors de doute qu'il faut tenir compte des conditions dans lesquelles une population se trouve dans une unité nationale. Si elle a été incorporée par la force, rien ne peut légitimer le refus de la consultation et par conséquent de la liberté. Si elle a été, à l'origine, réunie à la communauté nationale par un effet de sa volonté — comme par exemple les provinces à la France sous la Révolution, y compris l'Alsace-Lorraine — il est évident que le problème de l'unité nationale vient renforcer le principe. Il ne suffirait donc pas qu'un mouvement séparatiste se produisît pour qu'il fût accueilli sans discussion.

Tel n'est pas le cas des nationalités allogènes dont on peut dire qu'elles n'ont pas connu, sous le tsarisme, un autre régime que celui de la force. Et c'est donc vraiment dans le plein exercice d'un droit qu'elles se trouvent placées quand elles réclament leur indépendance. Elles n'ont qu'à le prouver par la consultation de leurs habitants, c'est-à-dire, au fond, par un exercice du suffrage universel, c'est à dire encore, par le fonctionnement du régime démocratique, une nation n'étant libre que si les individus qui la composent sont libres eux-mêmes.

Mais la Société moderne, qui a fondé ces libertés politiques, individuelles et nationales, ne recèle pas moins de dangers pour les petits peuples, que n'en recélait le régime féodal dont nous sommes à peine évadés.

C'est par le fer et le feu que se sont, la plupart du temps, préparées les unités nationales au cours de l'histoire. C'est tout le long passé sanglant de l'humanité. La guerre a été l'agent principal de ces transformations. En ce sens, le mot de Marx peut lui être appliqué : la force a été la grande accoucheuse des sociétés. Et Jaurès a pu écrire, dans son *Armée nouvelle,* que la guerre est une « force terriblement ambiguë », dont les résultats ne sont pas toujours — exclusivement — regrettables.

Au point où elle en est de son développement, l'humanité devrait pouvoir compter cependant que son progrès ne soit pas trop chargé par les sacrifices humains. Et, en effet, la volonté des hommes, de plus en plus, est d'écarter la guerre. La période que nous venons de traverser a fait grandir la protestation contre les inutiles massacres.

Même établie par la force, l'unité nationale est apparue comme le groupement nécessaire dans les luttes que se livraient les peuples. En s'accroissant, les peuples se fortifiaient, devenaient plus capables de se défendre contre les agressions de leurs voisins.

*
**

La volonté d'écarter la guerre suffit-elle pour que l'on puisse conseiller aux petits peuples leur isolement? C'est le deuxième aspect de la question.

La Société moderne a développé les luttes économiques entre les peuples. Le fer, le charbon sont devenus les matières premières essentielles du développement de la vie d'un peuple. Si ces matières surtout sont inégalement réparties, c'est un impérialisme nouveau qui apparaît, on pourrait presque dire plus redoutable que l'autre.

Dans la lutte que se livreront, sur les marchés, les grandes puissances, les petites nations ne sont-elles pas encore là tout près de faire les frais de ces rivalités nouvelles? Et voilà pourquoi l'Internationale, prévoyante, clairvoyante — tout en appliquant le droit impérieux des peuples à disposer d'eux-mêmes — leur conseille d'envisager l'avenir, de voir si sans aliéner les indépendances réciproques, elles ne doivent pas tourner les yeux vers une forme nouvelle d'activité politiqu internationale, la fédération. La fédération libre de peuples libres, c'est l'étape qui fortifiera la Société des Nations elle-même. La fédération librement consentie, c'est la possibilité de rétablir les avantages de l'unité nationale, sans avoir les inconvénients du centralisme et de l'autorité.

Est-il besoin de dire qu'un tel problème mériterait d'être analysé à fond? L'avenir ne manquera pas d'obliger à le préciser. Ce n'est pas sans résultat qu'une telle constitution ait déjà trouvé sa réalisation, en Amérique et en Suisse. Ce sont des exemples qui font leurs preuves. Je sais que nos amis de l'ancienne Russie invoquent, dans leur cas particulier, que le bolchevisme est un grand obstacle actuel. Je n'en disconviens pas, et il faudra évidemment une parité d'institutions libres entre les peuples qui se fédéreront. Mais le bolchevisme, régime politique ne durera pas toujours.

En attendant, nous saluons avec joie l'indépendance des nationalités nouvelles reconnues par l'Internationale, comme elles devront l'être par la Société des Nations.

Pierre Renaudel.

Lucerne, 10 *Août* 1919.

Un Gouvernement panrusse est-il possible?

Ce serait une faute impardonnable que de tenir les événements qui se sont produits en Russie en février 1917 et ceux qui s'y produisent maintenant pour une révolte de la foule et de la canaille. Le soulèvement s'est étendu à tout le territoire de l'ancien empire russe et a intéressé toutes les couches de la population et toutes les nationalités de cet empire. La révolution a pénétré jusqu'aux plus profondes masses populaires et a exigé la transformation radicale de tous les fondements de la vie. Avant de s'exprimer par des actes, elle s'était accomplie dans les esprits. L'empire russe n'a pas pu supporter cet ébranlement et a cessé, de fait, d'exister. Cela a été reconnu par le leader du parti constitutionnel-démocrate (parti des cadets), l'ancien ministre des Affaires étrangères du Gouvernement Provisoire, P. N. Milioukov, qui a déclaré fort nettement au congrès du parti des cadets, tenu à Kiev en juillet 1918 :

« Ceux qui affirment que le caractère obligatoire des traités conclus avec les Alliés par la Russie subsiste pour nous, ne savent pas à quel point les circonstances ont changé. Actuellement le « sujet » qui a conclu ces traités n'existe plus en fait : il n'y a plus d'Etat russe. Le recréer doit être notre première tâche. »

La non-existence de l'Etat russe a été reconnue aussi par le Premier Ministre anglais dans son discours à la Chambre des Communes du 16 avril dernier.

Mais ce fait a eu une importance de tout premier plan pour les peuples et les territoires qui ne reconnaissaient pas le pouvoir bolcheviste comme pouvoir d'Etat et qui avaient été contraints, par la force même des choses, de créer de nouveaux organismes politiques avec tous les attributs d'Etats indépendants. Ce n'était pas des considérations intellectuelles et des déductions logiques qui les avaient conduits à penser que la Russie, en tant qu'Etat, n'existait plus. Ç'avait été l'œuvre de la vie elle-même et de l'irréfutable logique des faits.

On peut rêver de la Russie, on peut, comme ont dit M. Milioukov et d'autres, s'efforcer de la recréer, mais on ne peut affirmer qu'elle existe en tant qu'Etat. On peut porter en soi l'idée de l'Etat panrusse et du pouvoir gouvernemental panrusse, mais les bases manquent pour la réalisation effective de cette idée, et c'est pourquoi toutes les tentatives pour créer artificiellement un tel pouvoir sont par avance vouées à l'échec.

Le pouvoir d'Etat, tout comme une haute tour, doit reposer sur des fondements solides, sous peine de s'écrouler comme un château de cartes. Dans son livre sur *L'Etat*, l'ancien professeur de droit public à l'Université de Baltimore, Woodrow Wilson, écrit : « Le fondement de tout pouvoir d'Etat, quelle que soit sa structure, est fait de deux éléments : l'opinion publique (ou populaire) et la force visible (ou militaire). » Et telle est la pensée de tous les maîtres du droit public de l'ancien et du nouveau monde. Or, si nous appliquons ce principe à la question de l'organisation d'un pouvoir d'Etat panrusse, nous devons nous demander si les deux bases qu'il comporte sont existantes.

Existe-t-il une opinion publique, populaire, capable de servir de fondement à un pouvoir panrusse? Certes non, et pour la seule raison que l'ancienne Russie était divisée en parties complètement indépendantes les unes des autres et n'ayant souvent entre elles aucun rapport, aucun lien, comme on peut l'observer, par exemple, pour les groupements de territoires et de peuples bolchevistes et anti-bolchevistes. Bien mieux, il n'existe aucun rapport entre certains groupements antibolchevistes, par exemple, entre les formations d'Etat du Caucase, d'Ukraine, du Sud et de l'Ouest, d'une part, et celles de Sibérie, d'Arkhangel, d'autre part. Dans ces conditions et étant donnée la dispersion morale qui s'observe présentement chez les divers peuples de l'ancienne Russie comme un fait indiscutable, il est insensé de vouloir ramener au même niveau et réduire au même dénominateur l'opinion publique de l'immense Russie. Chaque partie, chaque Etat existe actuellement et existera longtemps encore avec ses tendances propres; il poursuivra ses buts propres comme il les aime et les conçoit, et il choisira les moyens qui lui paraîtront les plus efficaces.

On ne peut, en conséquence, parler d'une opinion publique

une et capable de servir de fondement à un pouvoir et surtout à un pouvoir personnel instauré par une dictature militaire. Un tel pouvoir, que ce soit celui de l'amiral Koltchak ou de son successeur éventuel, le général Denikine, ou de quelque autre personnalité ou groupe imposés par la force, ne sera reconnu ni par l'Ukraine, ni par la Georgie, ni par la Kouban, ni par le Don, ni par les autres Etats de ce genre, encore moins par la Grande-Russie qui est en train de traverser le bolchevisme. Tous les « régents suprêmes » dont on peut rêver ainsi manqueront du fondement de l'opinion publique.

On peut dire, il est vrai, qu'on peut se passer de cette opinion et s'appuyer sur la force militaire. Mais où prendre cette force?

Les combattants qui, à l'heure présente, font la guerre aux bolcheviks, savent qu'ils défendent leurs familles, leurs foyers, leurs biens, leur peuple et leur pays. Ils défendent leur droit à être les maîtres chez eux; ils se battent pour le droit de leur peuple. Ils sortent des couches populaires qui ont compris leurs intérêts régionaux et se sont donnés leur propre fin. Armés ou sans armes, ils se dressent contre la violence des bolcheviks et se battent jusqu'à la mort en défendant leur terre, leur patrie, dont ils connaissent et sentent les frontières. Ce sont là des armées locales, celles de la Kouban, du Don, d'Ukraine, de Georgie, d'Esthonie, etc... Toute région qui fait la guerre aux bolcheviks a son armée. Ces armées ont des buts parfaitement clairs pour elles.. Elles s'entr'aident et s'entr'aideront et aideront quiconque se dressera contre les bolcheviks. Mais elles n'iront pas conquérir la Russie avec son territoire presque équivalent à la sixième partie du monde, au profit de qui que ce soit, encore moins si les buts du conquérant sont obscurs, à plus forte raison s'ils sont liés à des plans de réaction et de restauration. Il est facile de dire que ces armées nationales forment l'armée russe. Mais il est plus difficile, il est même impossible d'en faire une armée russe. Ces armées locales n'ont confiance qu'en leurs gouvernements choisis parmi les représentants du peuple et responsables devant eux.

Un pouvoir central artificiellement créé et surtout un pouvoir dictatorial ne peut s'appuyer sur une telle force armée, parce que ces armées ne sont pas et ne veulent pas être aveugles. Chacune d'elles veut savoir quels buts on lui propose; elle veut savoir pourquoi elle se bat; elle veut avoir son gouvernement indépendant, expression de la volonté du peuple et gardien de ses intérêts. Lui ôter cela serait lui ôter son âme, la priver du stimulant qui pousse les hommes à accepter les pires épreuves, la mort même. Ce stimulant fait visiblement défaut à l'armée sibérienne de l'amiral Koltchak. Il fera défaut aussi à l'armée du général Denikine, dès que ses parties essentielles sortiront des frontières de leurs territoires, quitteront le sol de la patrie et ne poursuivront plus des buts locaux et bien clairs pour elles. C'est pourquoi des échecs attendent aussi le général Denikine qui s'avance présentement si vite dans la direction de l'Ukraine.

Ainsi nous devons reconnaître qu'il n'existe actuellement aucune force militaire susceptible de servir de fondement à un pouvoir panrusse effectif.

*
**

La situation est tout à fait contraire quand on examine la question de la création de pouvoirs dans les nouvelles formations d'Etat particulières. Là, l'opinion publique locale s'exprime dans des assemblées populaires, dans des parlements; le peuple a un sentiment commun, une opinion commune. Le pouvoir s'appuie sur la représentation populaire, tirant ainsi sa force de l'opinion publique.. Il s'appuie aussi sur l'armée locale nationale, qui peut-être est parfois impuissante à défendre le pays contre les agressions du dehors, mais qui suffit pleinement au maintien de l'ordre intérieur. Nous trouvons donc ici les éléments nécessaires à l'établissement et au développement de la vie de l'Etat, dans des limites territoriales étroites, il est vrai (sauf cependant pour l'Ukraine). Mais ce serait une grave erreur que de croire que l'établissement d'un ordre public est possible en même temps et rapidement sur toute l'étendue de l'ancien empire russe. Bien des années passeront avant que s'apaisent les passions déchaînées sur l'Océan russe et il ne faudrait pas détruire ce qui a été déjà fait par le peuple même, par les nations et les territoires séparés; il faudrait ne pas anéantir les organismes politiques viables. Et si ce résultat n'obtient pas l'assentiment des Puissances de l'Entente, il n'en sera pas moins un fait; c'est du reste ce qui se produit depuis bientôt deux ans qu'existent un certain nombre de formations d'Etat tout à fait indépendantes, issues de l'ancienne Russie. C'est l'affaire de l'Entente de les reconnaître ou non, à son gré; mais elles existent.

Naturellement, ces formations ont tendance à conclure entre elles des accords, comme on peut déjà l'observer présentement. Elles devront s'entendre sur bien des questions et avant tout sur la question militaire de leur défense commune contre un ennemi commun et sur les questions économiques. Il est à penser que le principal facteur de cette entente entre les parties de l'ancienne Russie sera leur réciproque dépendance économique. Sur cette base on peut songer à la possibilité et même à la nécessité d'une union politique garantissant pleinement l'indépendance intérieure des formations d'Etat intéressées. Mais ce procès ne doit pas s'accomplir par le moyen de la violence conquérante, il doit être atteint par la voie pacifique des accords volontaires et des pourparlers.

L. L. BYTCH.

Encore un pays libéré

La chaîne magnifique des pays libérés, des peuples délivrés, restitués dans leurs droits par l'action généreuse de l'Entente s'est complétée récemment par un chaînon qui n'est pas sans importance. C'est la Galicie Orientale, la marche ukrainienne occidentale, située au nord des monts Carpathes, et qui formait anciennement le royaume ukrainien de Halitch-Vladimir.

Occupé par les Polonais, après des luttes opiniâtres au XIVe siècle, ce pays et sa population ukrainienne ont résisté fortement pendant six siècles à tous les assauts, à toutes les oppressions du régime polonais féodal et clérical, gardant leur langue, leur religion, leur nationalité. Le mouvement ukrainien étant proscrit dans l'ancien empire russe, la Galicie Orientale avec sa capitale politique et intellectuelle Léopol (Lviv en ukrainien, Lemberg en allemand) et grâce aux conditions constitutionnelles de l'Autriche (dès l'année 1867), devint le foyer de la vie ukrainienne et le centre de tout le mouvement national, qui s'y développa avec les forces intellectuelles et matérielles de l'Ukraine toute entière. En conséquence, ce fut la partie de l'Ukraine la plus développée au point de vue national, politique, intellectuel.

Dans sa lutte permanente contre la domination polonaise, favorisée en effet, sous le régime autrichien, par les tendances réactionnaires et cléricales de la dynastie des Habsbourg, le peuple ukrainien de la Galicie Orientale (comptant plus de 3,5 millions; 60-80 % de la population, suivant les contrées) a su conquérir, pas à pas, les bases solides de son progrès économique, intellectuel et national. L'empire d'Autriche-Hongrie s'étant écroulé l'année dernière, le conseil national du peuple ukrainien d'Autriche proclama à Léopol, le 18 octobre 1918, que les territoires ukrainiens d'Autriche-Hongrie formaient la République indépendante de l'Ukraine Occidentale.

Après la révolte de l'Ukraine Orientale, le régime de l'Hetman étant tombé et les Allemands chassés, le Conseil National de l'Ukraine Occidentale proclama le 3 janvier 1919 son unification en une République indivisible avec l'Ukraine Orientale, en prenant pour nom « Pays Occidental » et en réservant son autonomie.

Ce fut le commencement de la tragédie. A Léopol, ancienne colonie allemande, où les Knauers, les Winklers, les Draechslers, les Stadtmilks, sont depuis longtemps polonisés et devenus, sous la domination polonaise, de bons patriotes polonais, éclata une révolte polonaise. Les militaires ukrainiens pour ne pas faire de leur capitale un champ de bataille évacuent la ville et en font le blocus un, deux et trois mois, pour obliger les « patriotes » polonais à se soumettre. Quand l'Ukraine Orientale fut devenue une place d'armes pour l'offensive des armées soviétistes de Russie, la Galicie Orientale, dépourvue de forces militaires, est attaquée par l'armée polonaise. La Pologne élève des prétentions sur les territoires ukrainiens allant jusqu'au Boug et au Stryi, plus tard sur toute la Galicie Orientale. La Commission pour l'armistice instituée par le Conseil Suprême des Puissances Alliées et Associées, sous la présidence du général Botha, proposa un armistice aux deux partis, avec une ligne provisoire de démarcation, que les Ukrainiens acceptèrent, mais que les Polonais refusèrent. En même temps, au milieu de mai, l'armée polonaise du général Haller, organisée en Amérique, par des ressources américaines, pourvue d'artillerie, d'officiers et d'instructeurs des Puissances de l'Entente, sous prétexte de lutter contre les bolcheviks, commença son offensive contre les Ukrainiens en Galicie Orientale. Les Roumains qui, quelque temps avant, avec le consentement de l'Entente, avaient occupé la partie ukrainienne de la Bukovine (comme les Tchèques ont fait, avec le même mandat de l'Entente, pour le pays ukrainien situé au sud des Carpathes), au moment même où les Polonais envahissaient la Galicie Orientale au Nord et à l'Ouest, y pénétraient au Sud. Les troupes ukrainiennes qui avaient déjà un front de combat vers l'Est, sont presque écrasées par ces coups donnés dans le dos. La plus grande partie de la Galicie Orientale est évacuée par les Ukrainiens et occupée par les Polonais, à la fin de mai et en juin.

Les Ukrainiens espéraient naïvement que cette insolence polonaise serait sévèrement désapprouvée et que les troupes polonaises seraient obligées de se retirer sur la ligne de démarcation fixée par le Conseil Suprême. Mais après quelques négociations, l'occupation de la Galicie Orientale fut acceptée par le Conseil des Quatre « dans l'intérêt de l'ordre et de la sûreté de la population, jusqu'au plébiscite futur ».

Ces jours derniers, la Délégation Ukrainienne a été invitée par la Conférence de la Paix à prendre part aux séances de la sous-commission polonaise qui s'occupera du statut intérieur de la Galicie libérée.

Naturellement, la presse ukrainienne jette l'alarme à cause des arrestations en masse des Ukrainiens par les autorités polonaises, de la suppression de la langue ukrainienne, de l'oppression de toute la vie nationale, de la terreur et des cours martiales. Mais, bien entendu, ce sont là des détails. La Galicie Orientale, enfin délivrée de la démocratie ukrainienne et rendue à la noblesse polonaise et au clergé catholique, voilà le fait qu'il faut enregistrer comme un nouveau triomphe des beaux principes de l'Entente.

Professeur M. HRUCHEVSKY.

La Galicie Orientale sous le joug polonais

La Galicie Orientale entra dans l'histoire mondiale en tant que pays ukrainien faisant partie de l'Etat ukrainien. Puis elle fut conquise par la Pologne. Au moment des partages de la Pologne, l'Autriche s'empara de ce pays et continua, à l'égard de la Galicie Orientale, la politique de l'Etat polonais, c'est-à-dire qu'elle livra le pays à la domination de la noblesse polonaise.

Néanmoins, la Galicie Orientale a conservé son caractère ukrainien. Sur 5.120.000 habitants, il y a 3.580.000 Ukrainiens, c'est-à-dire 70 %. La population polonaise s'élève à peine à 16 %; la population juive, à 12 %; la population allemande, à 2 %.

Quand les Puissances de l'Entente, s'occupant du sort de l'Austro-Hongrie, reconnurent aux nations qui formaient l'Empire Austro-Hongrois le droit de disposition d'elles-mêmes, le Conseil National Ukrainien sempara, le 1er novembre 1918, du pouvoir en Galicie Orientale, en proclamant sur toutes les terres ukrainiennes de l'ancienne Autriche-Hongrie (Galicie Orientale, partie ukrainienne de la Bukovine, et partie ukrainienne de la Hongrie), la République Ukrainienne Occidentale. Puis, par le vote du Conseil National Ukrainien du 3 janvier 1919, la République Ukrainienne Occidentale se réunit à la République Ukrainienne sortie des ruines de l'ancienne Russie. Ainsi, la Galicie Orientale, par la volonté du peuple ukrainien qui forme la majorité de la population de tous ses territoires, est devenue partie de la République Ukrainienne.

***

Contre l'exercice de ce droit de libre disposition de soi-même s'est dressée la Pologne, qui a tenté de conquérir par les armes la Galicie, pays ukrainien.

Au cours de cette guerre polono-ukrainienne, le Conseil Suprême, par sa décision du 19 mars 1919, s'est érigé en arbitre : il a ordonné aux deux partis de conclure une trêve et a promis « d'entendre l'exposé des revendications territoriales de l'une et de l'autre partie » et « de s'entremettre en vue de transformer la suspension d'armes en armistice ».

La suspension d'armes proposée par le gouvernement ukrainien fut rejetée par les Polonais. Ils n'adhérèrent pas non plus au projet d'armistice, qui fut accepté par la Délégation Ukrainienne.

S'apercevant que le Conseil Suprême n'avait pas imposé aux Polonais la conclusion d'un armistice, et voyant qu'il leur permettait d'occuper la Galicie Orientale avec le concours de l'armée Haller envoyée de France, le Gouvernement Ukrainien témoigna d'un esprit de conciliation qu'on ne pouvait pousser plus loin en proposant l'occupation temporaire de la Galicie Orientale par les troupes de l'Entente et l'établissement d'une administration contrôlée par l'Entente jusqu'au tracé définitif de la frontière ukraino-polonaise.

Le Conseil Suprême ne sut pas faire preuve d'impartialité; il céda devant la résistance polonaise et autorisa la Pologne à occuper la Galicie Orientale et à établir son gouvernement civil dans la Galicie Orientale. Il faut remarquer que le Conseil Suprême considérait cette décision comme provisoire.

Il considère la Galicie comme un pays à part, qui, après l'accord des Puissances Alliées et Associées avec la Pologne, garderait son autonomie pendant la période où il resterait soumis à l'administration de la Pologne; sa population exercerait plus tard son droit de libre disposition nationale.

Par cette décision, le Conseil Suprême se met en contradiction avec lui-même. Il a expressément constaté que la Galicie Orientale n'est pas un pays polonais? Alors pour quelle raison et à quoi bon le soumettre, même temporairement, à l'administration polonaise?

S'il s'agit de livrer ce pays à la Pologne et s'il veut que ce soit la Pologne qui prépare elle-même un plébiscite dont le résultat lui serait favorable, on ne saurait stigmatiser un tel procédé en termes assez énergiques.

Si le Conseil Suprême n'a pas cette intention, à quoi bon livrer la population ukrainienne et juive de la Galicie Orientale aux persécutions qu'elles subissent depuis que dure l'occupation polonaisse? Supposons que le gouvernement polonais ne réussisse pas à briser la résistance de la population ukrainienne et que le plébiscite la délivre de la servitude polonaise, qui la dédommagera de toutes les pertes matérielles causées par cette servitude?

Destiner un pays au plébiscite et faire exercer le plébiscite sous la domination d'une des parties intéressées, c'est tourner en dérision l'idée même du plébiscite.

*
**

Voyant le Conseil Suprême se ranger de leur côté, les Polonais veulent obtenir davantage. Les députés polonais de la Galicie Orientale ont formulé, devant la Diète de Varsovie, la demande de voir la Galicie Orientale traitée comme partie intégrante de la Pologne; ils veulent qu'on ne lui accorde pas l'autonomie territoriale, mais que sa population jouisse seulement de l'autonomie nationale-personnelle en tant que minorité au sein de l'Etat polonais.

Maintenant, les Polonais soumettent la population ukrainienne de la Galicie au régime de la plus atroce terreur. La langue ukrainienne est proscrite, la presse ukrainienne supprimée, les clubs et les organisations ukrainiennes anéantis; les églises ukrainiennes même sont fermées. Les intellectuels ukrainiens et les prêtres remplissent les prisons; les paysans ukrainiens sont à la merci des autorités polonaises. Fusillades, pendaisons, emprisonnements, restrictions, tels sont les moyens par lesquels la Pologne exerce le mandat que le Conseil Suprême lui a confié.

On peut dire sans aucune exagération qu'aucun pays conquis pendant la guerre n'a souffert d'un régime aussi dur que celui imposé par les Polonais à la population ukrainienne de la Galicie Orientale.

Néanmoins, les Polonais proclament que c'est avec enthousiasme que la population reçoit les autorités polonaises; ils annoncent l'existence de soi-disant « comités ukrainiens pour la conclusion d'un accord polono-ukrainien », etc... Il est naturel que lorsqu'on est menacé de pendaison, de fusillade, ou d'emprisonnement, on soit prêt à feindre l'enthousiasme ou à se faire inscrire dans des « comités d'accord ». L'Autriche ancienne obligeait la presse tchèque à exalter les Habsbourg et à calomnier des patriotes tchèques comme Masaryk. Les Polonais appliquent maintenant les mêmes méthodes en Galicie Orientale.

Contre ce régime, la population ukrainienne n'a aucune protection. Le Conseil Suprême, en soumettant la Galicie Orientale à la domination polonaise, n'a pas eu assez de sentiment d'humanité pour prendre en même temps les mesures qui auraient garanti la population ukrainienne contre les abus des autorités polonaises.

***

« Le Droit et la Justice » ont été proclamés par les Puissances Alliées comme bases de la Paix du monde. « Droit et Justice », tels sont les mots d'ordre de tous les peuples civilisés.

Or, au nom du Droit et de la Justice, tout le monde civilisé devrait élever sa protestation contre le crime horrible commis sur le peuple ukrainien de la Galicie Orientale par l'occupation polonaise.

C'est au nom du Droit et de la Justice que nous demandons l'affranchissement de la Galicie Orientale du pouvoir polonais.

Dr Michel Lozynsky.

La République de l'Azerbaïdjan

La partie Sud-Est du Caucase est depuis bien longtemps habitée par un peuple de race turco-tatare qui s'appelle lui-même Azerbaïdjanien, du nom du pays lui-même.

Azerbaïdjan, Aeristan, c'est-à-dire pays des « feux éternels », pays des mines de feu. L'abondance de gaz et de naphte dans les environs de la capitale, Bakou, et dans d'autres endroits de la contrée, confirme complètement l'exactitude du nom donné au pays qui s'étend de la chaîne du Caucase à la Mer Caspienne et jusqu'au delà du lac Ourmiah.

La population de ce pays, animée d'un esprit belliqueux, était passionnément attachée à la liberté et la servitude était inconnue chez elle. Elle était divisée en un certain nombre de khanats indépendants, qui s'unissaient dans les moments de danger commun, car ces petits Etats étaient toujours menacés par de puissants voisins, la Perse, la Turquie, la Russie. Malgré les guerres continuelles avec ces grands Etats, les khanats de l'Azerbaïdjan conservèrent leur indépendance presque jusque dans les vingt-cinq premières années du XVIIIe siècle.

A cette époque, une partie de l'Azerbaïdjan fut violemment annexée à la Perse, qui en forma l'Azerbaïdjan persan actuel, avec Tavris pour capitale. Puis les autres khanats qui étaient encore au Caucase furent l'un après l'autre réunis de force à l'Empire Russe (1813-1828).

Les territoires de ces khanats (Karabakh, Ghiandja, Chaky, Chirvan, Derbent, Kouba, Bakou, Talycha et Nakhitchevan) forment à présent la République de l'Azerbaïdjan qui occupe une surface de 100 mille kilomètres carrés et a une population de plus de quatre millions d'âmes.

Malgré presque un siècle de domination russe, les Azerbaïdjaniens ont conservé les qualités naturelles de leur race — la bravoure, l'honnêteté, l'amour du travail, la tolérance envers les autres nationalités. Jamais les Azerbaïdjaniens n'ont cesser de penser et de tendre à une vie politique sociale et indépendante.

Par contre, le régime tsarien, regardant les musulmans azerbaïdjaniens comme un élément indésirable, par ses rigueurs, entretenait chez ses sujets le désir de s'affranchir de l'oppression du gouvernement russe.

C'est pourquoi les Azerbaïdjaniens saluaient toujours avec enthousiasme le mouvement révolutionnaire en Russie. Ils furent parmi les premiers à répondre à l'appel, invitant les peuples à une vie indépendante fondée sur la liberté civile, politique et religieuse.

Mais quand, en Russie, la révolution se transforma en émeutes populaires qui conduisirent à la prise du pouvoir par les bolcheviks, les Azerbaïdjaniens comprirent bien que ces libertés étaient grandement menacées, et d'accord avec leurs voisins, les Georgiens et les Arméniens, ils proclamèrent leur indépendance et fondèrent une république démocratique indépendante, la République de l'Azerbaïdjan du Caucase.

C'est le 28 mai que l'Assemblée nationale de l'Azerbaïdjan vota, à l'unanimité, la République de l'Azerbaïdjan. L'Assemblée comprenait non seulement des membres des partis socialiste, mais aussi des partis bourgeois ; cependant, la forme républicaine fut votée à l'unanimité aux applaudissements interminables de tous les représentants du peuple azerbaïdjanien.

Ce fait remarquable de la vie d'un peuple musulman mérite d'être plus spécialement exposé. Le monde entier commet la faute de croire que les peuples professant l'Islam sont nés pour être soumis à leurs sultans, leurs chahs, en un mot à des monarques, et que, par conséquent, la forme républicaine leur est étrangère. Il est vrai que l'histoire et les faits de la vie confirment une telle façon de voir. Mais il n'est pas juste d'attribuer ce principe au Coran, car dans ce même Coran, code non seulement religieux, mais civil des peuples musulmans, on trouve bien des principes d'un caractère purement républicain. Ce ne sont que les autocrates musulmans qui ne comprennent pas, même actuellement, les vrais intérêts des masses populaires et le clergé mahométan, borné et servile, à la dévotion des premiers, qui obscurcissent le sens de la doctrine qu'ils professent et retiennent les peuples entre les mains du monarchisme. Il est nécessaire d'ajouter que, sous ce rapport, les nations mahométanes n'ont jamais rencontré l'aide et l'influence de l'Europe civilisée, elles n'ont vu que des gouvernements qui traitaient les masses musulmanes simplement comme des objets d'exploitation avantageuse dans l'intérêt de commissions variées, d'opérations commerciales, etc.

Mais heureusement la brèche est faite : quatre millions de musulmans du Caucase ont proclamé la république démocratique. Encore un autre fait dans la vie du même pays : les femmes musulmanes ont pris part aux élections à l'Assemblée nationale; elles sont électrices et électives; il y a des femmes dans les conseils municipaux et des femmes députés.

C'est la première fois que des musulmanes prennent part à la vie politique du pays. Nous ne doutons pas que l'exemple des Azerbaïdjaniennes ne soit suivi par leurs sœurs musulmanes dans d'autres pays.

Ajoutons que c'est le parlement actuel qui a voté la loi de convocation de l'Assemblée constituante et a accordé aux hommes le suffrage universel.

Après la proclamation de la République de l'Azerbaïdjan, le 28 mai 1918, l'Assemblée Nationale a nommé un gouvernement dont toute l'attention a du être tournée vers la lutte contre les bolcheviks, qui s'étaient emparés de la capitale de l'Azerbaïdjan, Bakou, et de toute une série d'arrondissements. Cette lutte fut sanglante et ne se termina qu'en septembre 1918, par l'expulsion des bolcheviks de Bakou et de son rayon.

Ce n'est qu'après cela que le Gouvernement de l'Azerbaïdjan put commencer son travail normal en rétablissant l'ordre et la légalité dans le pays. D'abord on convoqua le Parlement, puis on se mit à réorganiser les écoles, les organes de l'administration et les tribunaux.

Le Parlement jouit de grands pouvoirs de législation et de contrôle sur le Gouvernement. Jusqu'à l'élection de l'Assemblée Constituante et du Président de la République, le président du Parlement a le droit de nommer le premier ministre et de lui confier la formation du Cabinet. Le Parlement compte 120 députés, parmi lesquels se trouvent des députés de toutes les nationalités de l'Azerbaïdjan : 21 Arméniens, 10 Russes, 1 Polonais et 1 Juif.

Le Parlement a résolu d'appeler les électeurs dans leurs comices pour l'élection de l'Assemblée Constituante au suffrage universel.

Il a préparé et partiellement adopté toute une série de projets de lois sur l'instruction publique, sur la protection ouvrière, les heures de travail, etc.

Un des actes du Parlement a été d'envoyer à Paris, à la Conférence de la Paix, une délégation spéciale qui se trouve ici depuis le mois de mai, attendant patiemment de pouvoir présenter à la Conférence les revendications de la République de l'Azerbaïdjan.

Non seulement au Parlement, mais aussi dans le ministère, il doit y avoir des représentants de l'Arménie et des Russes.

Tout ceci témoigne de la volonté de la République Azerbaïdjanienne de ne faire aucune différence entre les indigènes du pays et les autres nationalités fixées dans l'Azerbaïdjan. Tous les droits des minorités sont garanties, elles jouissent des mêmes droits que la majorité.

Un des principaux efforts du Parlement et du Gouvernement, c'est d'établir des rapports paisibles et amicaux avec les nations voisines, georgienne, arménienne, ainsi qu'avec les tribus des montagnes.

Le Parlement et le Gouvernement soutiennent énergiquement l'idée d'une confédération de toutes les républiques caucasiennes; c'est dans cette direction que travaille la délégation de paix de l'Azerbaïdjan à Paris. Elle a déjà conclu avec les Georgiens une étroite alliance défensive. Voilà le programme préalable de la République de l'Azerbaïdjan qui depuis sa fondation (mai 1918) par tous ces organes, — parlement, gouvernement, armée, administration, justice — travaille incessamment à rétablir dans le pays l'ordre et la légalité et à y fortifier les principes du droit et de l'organisation publique.

Tout le peuple azerbaïdjanien croit fermement en son avenir et se fiant à ses forces personnelles, à ses richesses naturelles inépuisables, il espère que son indépendance sera reconnue par la Conférence de la Paix et que la jeune République de l'Azerbaïdjan pourra, sous la haute protection de la Ligue des Nations, vivre de sa vie indépendante, politique et sociale, afin de prendre une part active aux travaux féconds des peuples dans la sainte cause de la défense des intérêts de la démocratie et du progrès de l'humanité.

XXX

DOCUMENTS

Une protestation contre la reconnaissance de l'amiral Koltchak

Les soussignés, délégués plénipotentiaires des Etats formés dans les limites de l'ancien Empire Russe, à savoir :

La République de l'Azerbaïdjan; la République de l'Esthonie; la République de Géorgie; la République de Latvia; la République Nordcaucasienne; la République de la Russie-Blanche; la République de l'Ukraine, ayant pris connaissance de la correspondance échangée par le Conseil des Grandes Puissances alliées et associées avec l'amiral Koltchak, concernant les conditions de l'assistance desdites puissances au gouvernement d'Omsk, ont l'honneur de déclarer, au nom de leurs Gouvernements respectifs ce qui suit :

1. Les Républiques : Azerbaïdjan, Esthonie, Géorgie, Latvia, Nordcaucasie, Russie-Blanche et Ukraine se sont formées et existent par la libre volonté des peuples de ces Etats. Les Constitutions de ces Républiques sont en train d'être élaborées et leurs relations réciproques avec les Etats voisins sont en voie d'être fixées et seront déterminées par leurs Constituantes respectives qui sont déjà élues sur la base du suffrage universel. Les décisions des organes du Pouvoir gouvernemental de la Russie quels qu'ils soient ne peuvent donc pas se rapporter aucunement aux Etats souverains : Azerbaïdjan, Esthonie, Géorgie, Latvia, Nordcaucasie, Russie-Blanche et l'Ukraine, et les relations réciproques entre ces Etats et la Russie ne peuvent être réglées que comme entre des Etats égaux dans tous les droits, indépendants et souverains, alors que la correspondance ci-dessus mentionnée peut être interprétée comme la négation d'un tel droit.

2. Les Républiques nommées dans le préambule réitèrent, devant la Conférence de la Paix et les Grandes Puissances, la prière de reconnaître sans délai leur indépendance politique.

Paris, le 17 juin 1919.

(Signatures) :

A. M. Toptchibacheff,
Président de la Délégation de la République d'Azerbaïdjan.

J. Poska,
Président de la Délégation esthonienne.

N. Tcheidze,
Président de la Délégation de la République géorgienne.

Z. A. Meierovics
Président de la Délégation de Latvia.

A. M. Tchermoeff,
Président de la Délégation de la République Nordcaucasienne.

Antoine Loutckevitch
Président de la Délégation de la République Démocratique Blanche-Ruthénienne.

G. Sydorenko,
Président de la Délégation de la République Ukrainienne.

Déclaration collective faite par les députés socialistes des Etats nouvellement formés sur le territoire de l'ancien Empire Russe.

Le 17 *juillet* 1919, *s'est tenue à Paris une Conférence de députés socialistes des nouveaux Etats formés sur le territoire de l'ancienne Russie.*

Y prirent part : Cheick-ul-Islamov, de l'Azerbaïdjan; Haïdarov, du Caucase du Nord; Tsérételli et Tchkeïdze, de la Géorgie; Bytch et Namétokov, du Kouban; le professeur Hruchevsky, Lozynsky et Issaïevitch, de l'Ukraine ; Zelen, de la Latvia ; le professeur Pip, de l'Esthonie ; Loutckevitch et Ladnov, de la Russie-Blanche ; Galvanovsky, de Lituanie.

La réunion a approuvé une déclaration destinée à être publiée dans le but de la faire connaître aux socialistes de l'Europe occidentale en accord avec les revendications politiques et nationales des Républiques ci-dessus indiquées..

Notre Revue a cru nécessaire de publier ce document, qui relate un fait des plus intéressants, et montre l'opinion des masses populaires au sein de ces nationalités composant ensemble la moitié de la population de toute la Russie tsariste.

Voici ce document :

Paris, le 21 juillet 1919.

A l'heure actuelle où le problème de l'ancien Empire Russe passionne les partis socialistes des pays de l'Entente, nous, socialistes des nouveaux Etats situés sur le territoire de l'ancien Empire russe : Azerbaïdjan, Nordcaucasie, Esthonie, Géorgie, Kouban, Latvia, Russie-Blanche et Ukraine, jugeons nécessaire de faire la déclaration suivante :

Après la crise consécutive à la guerre et à la Révolution, se sont constitués sur ce territoire, de la Mer Baltique à la Mer Noire et à la Mer Caspienne, des Etats nationaux issus de la volonté des peuples, Etats soutenus par l'effort acharné des travailleurs et ayant une vie nationale indépendante.

Pour assurer la sauvegarde de leur existence et leur développement social, ces pays ont adopté comme bases de l'organisation de l'Etat, les grands principes de la démocratie.

Nous, socialistes de ces Etats, soutenons cette œuvre nationale démocratique, unique moyen pour nos peuples de conserver leur existence et de se développer librement, car la voie démocratique est, à notre avis, la seule qui puisse conduire la classe ouvrière aux libertés sociales.

Nous partons du principe du droit des peuples de disposer de leur sort, et c'est ce même principe qui sert de base à notre politique vis-à-vis du peuple russe.

Radicalement opposés aux conceptions des bolcheviks,, tant en ce qui concerne l'œuvre de l'organisation de l'Etat que les moyens de lutte de la classe ouvrière pour le triomphe du socialisme, nous considérons comme funeste toute tentative d'imposer par la force au peuple russe une forme quelconque d'organisation de l'Etat.

Nous sommes intimement convaincus que, seule, l'expérience acquise par le peuple russe, seul, le développement, en dehors de toute immixtion extérieure, du mouvement ouvrier russe, peuvent aboutir à la renaissance nationale et sociale du peuple et de la classe ouvrière russes.

Mais nous exigeons également que le droit des peuples à disposer librement d'eux-mêmes soit aussi respecté à notre égard.

La plus grande erreur que pourrait commettre la démocratie de l'Europe occidentale serait de considérer comme « affaires intérieures russes » la lutte que soutiennent nos Etats indépendants pour sauvegarder leur existence contre les attentats du dehors, tant du côté de la réaction que du bolchevisme russe.

Cette lutte pour la reconnaissance de leur droit à disposer d'eux-mêmes, nos peuples la soutiennent aux prix d'efforts incroyables, qui leur ont permis de conserver leur existence nationale, de créer des Etats démocratiques et d'échapper ainsi aux horreurs de la réaction et de la guerre civile.

Aucun peuple ne peut exister, retranché de la vie mondiale intellectuelle et économique, et nos peuples, s'ils restent isolés de l'Occident, peuvent encore moins y parvenir et travailler avec succès à leur renaissance, épuisés qu'ils sont par une longue guerre.

En revendiquant des Puissances de l'Entente la reconnaissance officielle de nos Etats, l'établissement de relations régulières avec l'Europe occidentale, ainsi que des garanties internationales et le soutien de notre indépendance, nous attendons, de nos camarades de l'Europe occidentale, toute l'aide que leur influence politique peut apporter aux peuples luttant pour leur existence nationale et pour le droit de disposer librement de leur sort.

La Conférence de la Paix et la Galicie Orientale

I

La Conférence de la Paix à la Délégation ukrainienne.

Paris, le 16 juin 1919.

Le Secrétariat Général de la Conférence de la Paix a l'honneur de faire parvenir ci-joint à la Délégation Ukrainienne le texte d'une décision prise le 25 juin par le Conseil Suprême des Puissances Alliées et Associées.

Cette décision a été télégraphiée le même jour à Varsovie, pour être communiquée par le Ministre de France au Gouvernement Polonais et par les soins des représentants militaires alliés en Pologne au Gouvernement ukrainien :

Le 25 juin 1919.

En vue de garantir les personnes et les biens de la population paisible de Galicie orientale contre les dangers que leur font courir les bandes bolchevistes, le Conseil Suprême des Puissances Alliées et Associées a décidé d'autoriser les forces de la République Polonaise à poursuivre leurs opérations jusqu'à la rivière Zbrucz.

Cette autorisation ne préjuge en rien des décisions que le Conseil suprême prendra ultérieurement pour régler le statut politique de la Galicie.

Paris, le 11 juillet 1919.

Monsieur le Président de la Délégation ukrainienne,

Pour faire suite à sa communication du 26 juin, relative à la Galicie orientale, le Secrétariat Général de la Conférence de la Paix a l'honneur de faire savoir à Monsieur le Président de la Délégation Ukrainienne que le Conseil Suprême des Puissances Alliées et Associées a pris les décisions suivantes :

Le Gouvernement Polonais sera autorisé à établir un Gouvernement civil en Galicie Orientale, après avoir conclu avec les Puissances Alliées et Associées un accord dont les clauses devront sauvegarder autant que possible l'autonomie du territoire, ainsi que les libertés politiques, religieuses et personnelles de ses habitants.

Cet accord reposera sur le droit de libre disposition qu'exerceront en dernier ressort les habitants de la Galicie Orientale quant à leur allégeance politique; l'époque à laquelle ce droit s'exercera sera fixé par les Puissances Alliées et Associées ou par l'organe auquel celles-ci pourraient déléguer ce pouvoir.

II

La Délégation ukrainienne au Président de la Conférence de la Paix.

Paris, le 15 juillet 1919.

Monsieur le Président de la Conférence de la Paix,

Excellence,

La Délégation de la République Ukrainienne près la Conférence de la Paix a l'honneur de lui accuser réception de la communication du 2 de ce mois, concernant la décision du Conseil Suprême, disant que « le Gouvernement polonais sera autorisé à établir un Gouvernement civil en Galicie orientale ».

En se référant à toutes ses déclarations précédentes concernant la Galicie Orientale, spécialement à la déclaration du 2 de ce mois, faite à la suite de la décision du Conseil Suprême par laquelle « les forces de la République Polonaise sont autorisées à poursuivre leurs opérations jusqu'à la rivière Zbrucz », la Délégation de la République Ukrainienne a l'honneur de faire la déclaration suivante :

1° Le peuple ukrainien de la Galicie Orientale, qui forme plus de 70 0/0 de ce pays, a proclamé, le 19 Octobre 1918, d'accord avec le peuple ukrainien de la Bukovine et de la Hongrie, par son Conseil National composé des députés au Parlement autrichien, des députés à la Diète Galicienne et de Bukovine, élus par le suffrage universel, et des délégués des partis politiques ukrainiens, sa volonté de se séparer de tous les autres pays de l'Autriche-Hongrie.

Le 1er Novembre 1918, le Conseil National Ukrainien s'est emparé du pouvoir en Galicie Orientale, et sur les autres territoires ukrainiens ci-dessus désignés, et a formé de ces territoires la République Ukrainienne Occidentale.

Le 3 janvier 1919, le Conseil National Ukrainien a unanimement décidé la réunion en un seul Etat de la République Ukrainienne occidentale et de la République Ukrainienne, formée sur les ruines de l'ancienne Russie.

Le 22 Janvier, sur la place de Saint-Sophie, à Kiev, capitale de la République Ukrainienne, la réunion des deux Républiques fut solennellement proclamée.

De cette manière, la Galicie Orientale, par la volonté de sa population, est devenue partie de la République Ukrainienne.

2° La République Polonaise a fait la guerre à la République Ukrainienne, dans le but de conquérir la Galicie, où la population polonaise s'élève à peine à 16 0/0, et où la domination de la bureaucratie polonaise à l'époque de la monarchie austro-hongroise a été établie exclusivement grâce à la dynastie des Habsbourg et au Gouvernement autrichien, a montré des visées impérialistes nullement justifiées, contraires aux principes proclamés par les Puissances de l'Entente, et méritant de ce fait le blâme le plus sévère.

3° Le Conseil Suprême, en invitant, par sa décision du 19 mars 1919, les deux parties en présence à conclure une trêve, a déclaré qu'il est disposé :

a) A entendre l'exposé des revendications territoriales de l'une et de l'autre partie en cause;

b) A s'entremettre à Paris, auprès des délégations ukrainienne et polonaise, ou par l'intermédiaire de telle représentation qualifiée, que les parties jugeront devoir choisir en vue de transformer la suspension d'armes en armistice ».

4° La conclusion de la suspension d'armes n'eut pas lieu, parce que le Gouvernement polonais rejeta la proposition du gouvernement ukrainien, et parce que le Conseil Suprême n'imposa pas aux Polonais l'acceptation de ce projet.

L'exposé des revendications territoriales des Ukrainiens au sujet de la Galicie Orientale n'a pas été entendu par le Conseil Suprême.

Le Président de la Commission interalliée pour l'armistice ukraino-polonais, général Botha, a déclaré à la délégation ukrainienne, au cours de la séance de la Commision du 8 Mai 1919, que le Conseil Suprême décida de procéder à l'audition de l'exposé des revendications territoriales des deux partis en présnce, seulement après la conclusion de l'armistice.

5° La décision du Conseil Suprême du 19 Mars 1919 s'adressait également aux deux partis.

On en pouvait conclure que le Conseil Suprême protégerait le parti qui se soumettrait à la décision, et tiendrait pour responsable le parti qui ne s'y soumettrait pas.

Mais le Conseil Suprême s'est solidarisé avec le parti qui ne s'est pas rendu à sa décision du 19 mars 1919, et sans entendre les Ukrainiens, se basant uniquement sur ses pourparlers avec les Polonais, a autorisé le Gouvernement polonais à occuper la Galicie Orientale et à y établir l'administration civile.

6° La remise de la Galicie Orientale à l'occupation et à l'administration de la République Polonaise est en contradiction avec la décision du 19 Mars 1919, qui promettait au peuple ukrainien l'audition de l'exposé de ses revendications territoriales en Galicie Orientale et la conclusion d'un armistice entre l'Ukraine et la Pologne.

La remise de la Galicie Orientale à l'occupation et à l'administration de la République Polonaise, est en contradiction avec les principes de la libre disposition des peuples, principes proclamés par l'Entente, parce qu'elle décide du sort du pays non pas en accord avec la volonté de la majorité ukrainienne du pays, mais dans l'intérêt de la minorité polonaise, en livrant le pays ukrainien et le peuple ukrainien à la domination de l'oligarchie polonaise. et à l'administration de la République Polonaise, abandonne un parti belligérant, les Ukrainiens, à la merci de l'autre parti, les Polonais. Les Polonais useront de leur pouvoir pour détruire autant que possible l'élément ukrainien et s'assurer la possession de ce pays. Les procédés polonais dans la Galicie Orientale jusqu'à l'heure actuelle, ainsi que la Délégation de la République Ukrainienne a eu l'honneur de le faire connaître à la Conférence de la Paix par sa note du 2 courant, illustrent suffisamment, quoique incomplètement, la conduite des Polonais.

La remise de la Galicie Orientale à l'occupation et à l'administration de la République Polonaise, rend impossible au peuple ukrainien l'exercice du droit libre de disposition, prévu pour l'avenir dans la dernière décision du Conseil Suprême, le Gouvernement Polonais ayant le pouvoir en Galicie Orientale d'user de tous les moyens pour empêcher cette disposition de lui-même du peuple ukrainien. Sous la domination du conquérant, on ne saurait parler de la libre disposition du conquis.

7° La Délégation de la République Ukrainienne élève, par conséquent, sa protestation la plus solennelle, au nom de la République Ukrainienne et au nom du peuple ukrainien contre la remise de la Galicie à l'occupation et à l'administration de la République Polonaise.

La Délégation de la République Ukrainienne a l'honneur de déclarer qu'il n'y a qu'un moyen de solutionner la question de la Galicie Orientale, conformément au principe d'autodisposition des peuples, proclamé par les Puissances de l'Entente, et suivant les promesses que le Conseil Suprême a faites dans sa décision du 19 Mars 1919 : délivrer la Galicie Orientale de l'occupation polonaise, et donner au peuple ukrainien de ce pays la possibilité de disposer de lui-même en liberté, c'est-à-dire, lui donner la possibilité de faire partie de la République Ukrainienne, qui assurera les garanties les plus complètes aux minorités nationales.

Le Président de la Délégation de la République Ukrainienne,
G. SYDORENKO.

Le Congrès des représentants de la population blanc-russienne des Gouvernements de Grodno et de Vilna.

Après l'occupation des gouvernements de Grodno et de Vilna par les Polonais, en guerre avec les bolcheviks, quelques hommes politiques de la Russie-Blanche ont eu l'idée de convoquer un Congrès des représentants de la population des deux gouvernements sus-mentionnés.

Les Pouvoirs polonais d'occupation, bien qu'ils soient ennemis du mouvement nationaliste Blanc-Russien, ont autorisé ce Congrès, qui a eu lieu à Vilna les 9-10 juin 1919.

Malgré une campagne habile menée par les groupes polonais

chauvinistes, le dit Congrès a clairement démontré, par sa résolution (sous-indiquée), les aspirations et les tendances du peuple Blanc-Russien. Ce dernier, nonobstant toutes les épreuves par lesquelles il avait passé pendant les occupations successives de son pays par les Allemands et Lithuaniens d'abord, les bolcheviks ensuite, et les Polonais en dernier lieu, est resté quand même fidèle à son idéal, de plus en plus sacré pour lui, qui est l'intégrité et l'indivisibilité de la Russie-Blanche. Pour réaliser cette idée le peuple Blanc-Russien s'est déclaré prêt à verser son sang jusqu'à la dernière goutte.

Résolution du Congrès, relative à la situation politique.

1° A cette période pénible de notre existence, et voyant notre pays, qui a déjà tant souffert, menacé de nouveau de morcellement et d'esclavage, nous, représentants des gouvernements de Vilna et de Grodno, adressons un appel à toutes les nations, à toutes les Grandes Puissances, et à tous ceux qui tiennent entre leurs mains la destinée de notre pays.

Nous leur demandons leur appui pour nous aider à nous défendre contre les peuples voisins, qui, voyant notre faiblesse actuelle, ont la veiléité de s'emparer d'une partie de notre territoire.

Le Congrès de 1917, où était représentée toute la Russie-Blanche, jeta le fondement de la République démocratique Blanc-Russienne, et la Rada élue par ce Congrès, proclama, l'année dernière, cette République libre et indépendante.

Le Congrès des représentants de la population habitant les gouvernements de Grodno et de Vilna, séparés pendant la guerre du reste du territoire de la Russie-Blanche, adopta cette décision à l'unanimité. Le Congrès appelle tout le peuple Blanc-Russien sans différence de classes et d'opinions, à s'unir pour la défense d'une cause sacrée : l'indépendance et l'indivisibilité de la Patrie.

Le peuple Blanc-Russien qui compte 12.000.000 d'habitants *veut* rester indivisible et vivre sur ses terres sous une loi commune.

2° La Rada de la République, qui seule représente toute la Russie-Blanche de laquelle elle tient ses pleins pouvoirs, doit reprendre le plus tôt possible son travail plein de vaillance pour rétablir l'Etat Blanc-Russien dans toute son intégrité.

3° Tout en soutenant avec fermeté le principe de l'indépendance de la Russie-Blanche, considérant qu'un même passé historique (avec la capitale de Vilna), et des intérêts économiques mutuels, créent entre les peuples Blanc-Russien et Lithuanien des liens indissolubles, le Congrès exprime le vœu de voir ces deux peuples collaborer étroitement à la création d'un Etat fédératif Blanc-Russien-Lithuanien, dans lequel chacun des confédérés trouverait le maximum d'indépendance et de liberté, tout en restant unis politiquement et économiquement.

Le Congrès estime également qu'il est nécessaire de conclure une alliance économique et politique avec le peuple démocratique de la Lettonie, son voisin, qui comprend ses besoins et ses aspirations.

4° Le Congrès croit que le peuple Polonais qui est resté lui-même sous le joug oppresseur avant d'obtenir son indépendance, comprendra mieux qu'aucun autre nos aspirations à la liberté et l'indépendance politique.

Le Congrès acclame l'appel de Joseph Pilsudsky, commandant les troupes polonaises, relatif au rétablissement d'un Etat indépendant Blanc-Russien-Lithuanien. Le Congrès croit à la sincérité de cet appel et à celle de son auteur qui a toujours défendu les intérêts de la Démocratie.

Le Congrès espère aussi que cet appel ne restera pas sans écho, que l'on fera tout pour le réaliser dans la vie, et que la Démocratie Polonaise ne voudra pas, pendant l'occupation du pays par ses forces, porter préjudice aux intérêts des paysans Blanc-Russiens. Ce fait servira de gage aux relations amicales entre les deux Etats dans l'avenir.

5° Pour exécuter ses décisions, ainsi que pour représenter et défendre les intérêts de la population des localités occupées par les troupes polonaises, le Congrès fait élire une Rada Centrale des provinces de Grodno et de Vilna.

Dès que sera convoquée la Rada de la République démocratique de la Russie-Blanche, la Rada Centrale des provinces de Grodno et de Vilna rentrera au complet dans la Rada de la République en lui soumettant toutes ses institutions.

6° Les souffrances terribles du peuple Blanc-Russien, des paysans en particulier, sous le joug russe, ont dépassé toute mesure. Le Congrès estime donc qu'il est de toute nécessité de faire un effort extraordinaire pour libérer de l'esclavage moscovite la Russie-Blanche jusqu'à ses frontières orientales. Dans ce but, il est indispensable d'organiser, sans retard possible, les forces nationales Blanc-Russiennes.

Note relative à la présence des troupes allemandes en Latvia

(Adressée à la Conférence de la Paix)

Paris, le 21 août 1919.

Excellence,

La Délégation lettone considère de son devoir d'attirer encore une fois l'attention de la Conférence de la Paix sur la conduite des troupes du général von der Goltz et sur l'imminent danger que crée leur séjour prolongé sur le territoire de la Latvia.

Sans égard aux sommations faites par la Commission interalliée, von der Goltz, non seulement maintient opiniâtrement ses troupes en Latvia, mais encore y attire des renforts d'Allemagne. Von der

Goltz lui-même ne le dément pas, alléguant que de nouvelles forces lui sont indispensables pour couvrir la retraite de son armée. Visiblement, les troupes allemandes ont si peu envie d'abandonner le pays, qu'elles ont envoyé une députation spéciale à Weimar pour négocier, près du Gouvernement, une prolongation de séjour en Latvia. De cette manière, l'effectif des troupes allemandes en Latvia, au lieu de diminuer, va toujours en augmentant.

Il s'ensuit que la conduite des Allemands devient de plus en plus provocante et il est parfaitement clair qu'ils établissent systématiquement le trouble et le désordre dans le pays. Ainsi, à Mitau, ils ont lancé des proclamations invitant le peuple à un massacre de Juifs, et ils mènent publiquement une ardente campagne bolcheviste parmi la population dans la partie de la Courlande occupée par eux. En outre, s'élèvent constamment des conflits et se commettent des pillages méthodiques. Par exemple, une attaque ouverte a été opérée contre Schlock et des militaires lettons ont été arrêtés; les bateaux circulant entre Mitau et Riga ont été appréhendés à maintes reprises, les passagers outragés et les officiers lettons arrêtés. A Mitau, une rixe à main armée a eu lieu entre Russes et Allemands laissant pour résultat plusieurs victimes. Les Allemands ont aussi tenté de provoquer un conflit semblable avec les officiers lettons de Mitau, conflit qui n'a été conjuré que grâce au sang-froid de ces derniers.

Mais les Allemands ne se sont pas bornés là. Récemment, une conspiration contre les autorités lettones se découvrait à Libau, ayant pour but de provoquer des troubles, créant un prétexte très commode à une nuovelle occupation de la ville par les troupes de von der Goltz. Bref, il se produit un constant et systématique appel à l'anarchie, afin de créer des motifs à un séjour prolongé des troupes allemandes en Latvia, en qualité de gardiennes de l'ordre.

Le but politique qu'a en vue l'armée de von der Goltz — s'efforçant par tous les moyens de rester en Latvia — est clairement exposé dans l'ordre du jour du colonel Fletcher (16 juin 1919) marqué : « secret et à détruire après lecture ». L'Angleterre — dit cet ordre du jour — veut élever un mur de séparation entre l'Allemagne et la Russie, qui enlèverait à la première la possibilité de trouver une grande et puissante alliée dans la Russie, et qui « empêcherait une future alliance avec la Russie ».

A cette tendance de l'Angleterre avec laquelle — selon l'ordre du jour du colonel Fletcher — la France et l'Amérique ne sympathisent pas, les troupes allemandes doivent s'opposer par l'anéantissement de l'indépendance de la Latvia.

D'accord avec cet énoncé, von der Goltz, dans son ordre du jour du 13 juin 1919 (n° 844/19) déclare que, « en principe nous devons, de toutes nos forces, soutenir et renforcer les troupes russes afin qu'elles atteignent leur but ». Voilà pouquoi, — quoique von der Goltz défende jusqu'à présent à des unités entières allemandes de passer du côté des Russes — il déclare néanmoins que « contre des cas individuels de passage de militaires allemands dans l'armée russe, dès à présent, aucune objection ne sera faite » tandis que, dans l'avenir, si les troupes allemandes sont contraintes de quitter la Latvia, « le passage d'unités entières sera encouragé par tous les moyens possibles ».

De cette façon, il est clair que la politique allemande non seulement aspire à l'anéantissement de la Latvia, mais qu'elle vise, par cela même, à contrecarrer la politique des Puissances alliées et associées. Leurs intérêts, non moins que ceux de la Latvia, exigent une immédiate évacuation des troupes allemandes. Un insuccès de la Latvia, dans ce sens, équivaut à un insuccès des Alliés.

La Délégation lettone considère comme nécessaire de démontrer que toutes les mesures prises jusqu'à présent par les Alliés, pour l'éloignement des troupes allemandes, sont insuffisamment décisives et ne peuvent être couronnées de succès. La seule destitution de von der Goltz et de quelques-uns de ses officiers ne saurait avoir aucun résultat, vu qu'en leur lieu apparaîtront de nouveaux personnages qui auront la même mentalité et la même façon d'agir. De même, l'interdiction faite aux navires allemands d'entrer dans les ports lettons n'opérera aucune pression sur eux, vu que, au moyen de la voie ferrée Chavli-Mitau, qu'ils ont entre leurs mains, les Allemands pourront importer et exporter tout ce qui leur fera plaisir. Si même l'on fixait un terme très proche aux Allemands pour l'évacuation, cela ne pourrait avoir d'autre importance que leur empressement à achever le pillage de l'abondante moisson de Courlande. L'éloignement des Allemands doit s'effectuer sans délai.

La Délégation lettone n'oserait indiquer à la Conférence de la Paix les mesures pour contraindre les Allemands. Sans doute la Conférence de la Paix sait mieux quelles mesures elle tient en son pouvoir pour forcer l'Allemagne à remplir les clauses du Traité de Paix. Mais la Délégation lettone considère comme nécessaire d'indiquer que ces mesures doivent être des plus décisives et doivent être mises en vigueur sans ajournement.

J. Seskis,
Président par intérim de la Délégation lettone.

Le Gérant : Gaston Hutin.

Imp. Lang, Blanchong et Cie, 7, rue Rochechouart, Paris.

www.ingramcontent.com/pod-product-compliance
Lightning Source LLC
LaVergne TN
LVHW080958230826
846092LV00006B/1064

* 9 7 8 2 3 2 9 7 9 7 5 2 6 *